BEI GRIN MACHT SICH IHR WISSEN BEZAHLT

- Wir veröffentlichen Ihre Hausarbeit,
  Bachelor- und Masterarbeit

- Ihr eigenes eBook und Buch -
  weltweit in allen wichtigen Shops

- Verdienen Sie an jedem Verkauf

**Jetzt bei www.GRIN.com hochladen
und kostenlos publizieren**

Trainingsplanung Makro- und Mesozyklus für ein Krafttraining einer sportlich aktiven Person. Diagnose, Zielsetzung, Makro- und Mesozyklusplanung, Literaturrecherche

Christina Huendgen

Bibliografische Information der Deutschen Nationalbibliothek:

Die Deutsche Nationalbibliothek verzeichnet diese Publikation in der Deutschen Nationalbibliografie; detaillierte bibliografische Daten sind im Internet über http://dnb.d-nb.de abrufbar.

ISBN: 9783346905178
Dieses Buch ist auch als E-Book erhältlich.

Inhaltsverzeichnis

1 Teilaufgabe 1 - Diagnose

1.1 Allgemeine und biometrische Daten

Für eine optimale und individuelle Trainingsplanung ist die Erhebung von Kundendaten elementar und bedarf vorab einer Diagnose. Mit einem persönlichen Eingangsgespräch und einer Messung auf einer Körperanalysewaage werden allgemeine und biometrische Daten ermittelt, um damit Rückschlüsse auf die aktuelle Trainierbarkeit machen zu können.

Tab. 1: Allgemeine und biometrische Daten (eigene Darstellung)

Geschlecht	Mann
Alter	29
Größe	179cm
Gewicht	80,2 kg
Körperfettanteil (%) (mit Tanita Waage gemessen)	15,2 % liegt im unteren Normalwertbereich. Dieser befindet sich zwischen 7-20% für einen Mann im Alter von 29 Jahren. (siehe Tab. 2 Healthy body fat ranges)
Fettmasse (mit Tanita Waage gemessen)	12,2 kg
Fettfreie Masse (mit Tanita Waage gemessen)	66,0 kg
Muskelmasse (mit Tanita Waage gemessen)	62,6 kg
Berufliche Tätigkeit	Bürojob im Bereich Marketing, hauptsächlich sitzende Arbeit am Schreibtisch
Frühere sportliche Aktivitäten	Boxen, Boden- und Geräteturnen, Kick- und Thaiboxen, Krafttraining (alles als Freizeitaktivität)
Trainingsumfang	Immer nur eine Sportart ausgeübt, jeweils 3-4 Einheiten pro Woche
Krafttrainingserfahrung	10 Jahre, Schwerpunkt Muskelaufbau, zuletzt Maximalkrafttraining
Aktuelle sportliche Aktivitäten	Einmal pro Woche Laufen Viermal pro Woche Krafttraining
Trainingsmotive	Muskelaufbau, Leistungs- und Kraftsteigerung. Dabei kommt dem Schultergelenk besondere Beachtung zu und muss gezielt gestärkt werden, um Symptome des Shoulder Impingement Syndroms zu verringern.
Zeitlicher Verfügungsrahmen	4 mal 1-1,5 Stunden pro Woche, am frühen Abend (18-19:30 Uhr)
Blutdruck	118 mmHg systolisch, 73 mmHg diastolisch

	Liegt im Bereich der Normotonie, ist ein normaler, optimaler Ruheblutdruckwert. Dieser gilt unter 120 mmHg systolisch und unter 80 mmHg diastolisch (nach der Blutdruckklassifikation der American Heart Association, siehe Tab. 3)
Ruhepuls	62 Schläge/Minute. Liegt im Bereich der Normokardie, dieser geht von 60-100 Schlägen pro Minute aus
Gesundheitliche Einschränkungen - orthopädische Probleme	Shoulder Impingement Syndrom linkes Schultergelenk je nach Trainingsbelastung
Sonstige gesundheitliche Einschränkungen	Ansonsten keine weiteren gesundheitlichen Einschränkungen oder Probleme bekannt
Medikamente	Keine Einnahme von Medikamenten
Trainierbarkeit	Sehr gut, da sehr viel Erfahrung und bereits sehr gut trainiert

Tab. 2: Healthy body fat ranges for adults (Tanita, 2019)

Anm. der Red.: Diese Tabelle wurde aus urheberrechtlichen Gründen entfernt.

Tab. 3: Bludruckklassifikation der American Heart Association (modifiziert nach Manica et al., 2013, S. 1286)

Bewertungs-stufen	systolischer Blutdruck	diastolischer Blutdruck
Normblutdruck (Normotonie)		
optimal	unter 120 mmHg	unter 80 mmHg
normal	unter 130 mmHg	unter 85 mmHg
hochnormal	130-139 mmHg	85-89 mmHg
Bluthochdruck (arterielle Hypertonie)		
Stufe 1	140-159 mmHg	90-99 mmHg
Stufe 2	160-179 mmHg	100-109 mmHg
Stufe 3	> 180 mmHg	> 110 mmHg

Anhand der angeführten Tabellen lässt sich erkennen, dass die Person sehr sportlich und in einem äußerst gesunden Zustand ist. Das Gewicht, der Körperfettanteil, die Muskelmasse, der Blutdruck und der Ruhepuls liegen in einem optimalen Bereich (Steffel und Lücher, 2011). Die einzige gesundheitliche Einschränkung ist das Shoulder Impingement

Syndrom, worunter der Sportler in Form von Schmerzen bei der Abduktion und der Elevation des linken Arms leidet. In einem akuten Fall sind die Schmerzen darauf zurückzuführen, dass die Supraspinatussehne zwischen dem Oberarmkopf und dem Schulterdach (Akromion) zu eingeengt ist und gereizt wird. Die Reizung wird verstärkt, wenn die Muskulatur der Schulter durch Hypertrophietraining wächst und die Sehne sich verdickt. Es ist sehr wichtig, diesem Prozess mit dem richtigen Training entgegenzuwirken. Ostermeier bestätigt, dass gezielter Muskelaufbau das Krankheitsbild des Symptoms verbessert, indem die Sehne unterstützt wird: „Durch den Muskelaufbau im Bereich der Rotatorenmanschette lässt sich eine bessere Stabilität und Führung des Schultergelenks erreichen, die zur Entlastung der betroffenen Sehne führt" (Ostermeier, 2021). Da die Person bereits viel Erfahrung im Krafttraining und im richtigen, individuellen Umgang mit dem Shoulder Impingement Syndrom gesammelt hat, lässt sich zusammenfassend dennoch sagen, dass die Person voll belastungsfähig und die Trainierbarkeit der Person in einem sehr guten Zustand ist. Gegen eine Weiterführung des Trainings ist nichts einzuwenden. Die nachfolgende Krafttestung sowie die darauf aufbauende Trainingsplanung wurde in enger Absprache mit der Person entwickelt, wobei auf persönliche Stärken und Schwächen besonders Rücksicht genommen wurde.

1.2 Krafttestung

Um optimale Hypertrophie-Prozesse in der Skelettmuskulatur auszulösen muss zuerst die optimale Intensität der zu planenden Trainingseinheiten bestimmt werden. Der Sportler betreibt schon seit 10 Jahren Krafttraining, sodass er an hohe Belastungen bereits gewöhnt ist. Aus diesem Grund wurde hier der X-RM Test, auch Mehrwiederholungstest genannt, ausgewählt. Hierbei wird für jede Übung das maximal bewältigbare Gewicht bei einer vorher festgelegten Wiederholungszahl getestet (Marschall & Fröhlich, 1999a, S.311). Üblicherweise werden die Reihenfolge der Übungen und die Wiederholungszahl (in diesem Fall 12 Wiederholungen) exakt so getestet, wie es auch im Trainingsplan des zukünftigen Mesozyklus angestrebt wird. Das ermittelte Gewicht wird dann in die Planung übernommen (Strack & Eifler, 2005).

Bevor die eigentliche Krafttestung begonnen hat wurde ein allgemeines und ein spezielles Aufwärmen durchgeführt. Das Aufwärmen ist deshalb so wichtig, da das aktive Bewegungssystem, also die Skelettmuskulatur und das passive Bewegungssystem, bestehend aus den Bändern, Sehnen und den knorpeligen Gelenkstrukturen sowie das Herz-Kreislauf-System und die Psyche damit optimal auf die bevorstehende Beanspruchung vorbereitet werden. Damit wird der Entstehung von Verletzungen, wie gerade bei diesem Sportler eine Verletzung der Supraspinatussehne der Schulter, vorgebeugt. Die Körpertemperatur erhöht sich und die Muskulatur wird besser durchblutet. Dadurch wird der Muskel deutlich besser mit Nährstoffen und Sauerstoff versorgt und die Kontraktionsfähigkeit des Muskels steigt. Der hyaline Knorpel gibt Synovialflüssigkeit ab, auch Gelenkschmiere genannt. Des Weiteren steigt die Herzfrequenz, das Herz pumpt jetzt deutlich mehr Blut pro Minute. Damit erhöht sich die gesamte Leistungsfähigkeit des Herz-Kreislauf-Systems (Eifler, 2014, S.50).

Der Sportler startete im allgemeinen Aufwärmen mit einem 10-minütigen Programm, welches aus 5 Minuten lockerem Laufen auf dem Laufband und aus 5 Minuten Stairmaster bestand, einem Gerät, was der Bewegung des Treppensteigens nachempfunden ist. Damit lag der Fokus zuerst auf den großen Muskelgruppen des Unterkörpers. Der Schwerpunkt im speziellen Aufwärmen lag vor allem auf der Mobilisierung des Schultergelenks, wobei mit mittelschweren Widerstandsbändern gearbeitet wurde. Außerdem wurden vor jeder neuen Übung in der Krafttestung zuerst 1-2 Aufwärmsätze mit ca. 30% des geschätzten Gewichts des ersten Testsatzes mit durchschnittlich 10 Wiederholungen ausgeführt.

Aufgrund der Erfahrung des Sportlers wurde der Standpunkt vertreten, dass die Bewegungsabläufe der einzelnen Übungen bereits ausreichend etabliert sind und er dadurch in der Lage ist, bis in die komplette Ausbelastung des Muskels zu trainieren, was sich für den Trainer erst in der Abnahme des Bewegungstempos und dann in dem Zustand zeigt, in welchem keine weitere technisch saubere Wiederholung mehr möglich ist.

Sollte das Gewicht des ersten Testsatzes zu gering gewesen sein, das heißt nach den 12 Wiederholungen wären noch weitere Wiederholungen möglich, wurde das Gewicht des folgenden Satzes um 5-30% gesteigert und genauso wurde es um 5-20% verringert, wenn das Gewicht des ersten Testsatzes zu hoch gewählt gewesen war.

Die Einschätzung des Gewichts wurde bei manchen der Übungen für den ersten Satz zu vorsichtig gewählt. Hierfür seien folgende Gründe zu nennen: Erstens war der Sportler bisher an ein Maximalkrafttraining gewöhnt, das bedeutete deutlich mehr Gewicht bei 5-8 Wiederholungen. Und zweitens wurde auf die Einschränkung der Schulter Rücksicht genommen, da der Sportler in der Vergangenheit immer wieder die Erfahrung gemacht hat, dass erst in der ersten richtigen Belastung zu erfühlen ist wie stark die Schulter belastet werden kann.

Die Übung LH Kniebeuge wurde bisher eher selten in die Trainingseinheiten des Sportlers der letzten Jahre eingebaut, daher wurde bei dieser Übung in der Krafttestung in dem 1. Satz der LH-Kniebeuge darauf verzichtet, in die maximale Belastungsintensität zu gehen. Es wurde bevorzugt, dazwischen Rücksprache über das subjektive Belastungsempfinden zu halten und dann in den 2. Satz mit dem angepassten Gewicht zu gehen.

Die ausgeprägte Erfahrung des Sportlers zeigte sich besonders darin, dass bei mehreren der Übungen kein 2. Testsatz nötig war, sondern das bereits im ersten Satz ausgewählte Gewicht sehr passend war. Außerdem ist zu erwähnen, dass diese Krafttestung auf insgesamt 3 Testeinheiten innerhalb einer Woche mit jeweils 2 Tagen Pause dazwischen aufgeteilt wurde. Aufgrund der Anstrengung, die das große Volumen an Übungen abverlangen und die damit verbundene einhergehende Muskelerschöpfung wurde die Testung von allen 16 Übungen in einer Einheit als nicht sinnvoll angesehen. Die Rahmenbedingungen der Krafttests wurden für die Validität der Messergebnisse möglichst ähnlich gehalten. Aus den drei Einheiten des Krafttest wurden folgende Testendergebnisse für den ersten Mesozyklus des Kunden bestimmt.

Tab. 4 Krafttestung Ergebnisse (eigene Darstellung)

Übung	1. Aufwärmsatz	1. Satz	Auswertung subj. Belastungsempfinden	Testendergebnis (12RM) (evtl. 2. Satz)
LH Kniebeuge	40 kg	90 kg	+33%, 20 kg	110 kg
LH Kreuzheben	40 kg	110 kg	Belastung genau richtig	110 kg
LH Ausfallschritte	20 kg	60 kg	Belastung genau richtig	60 kg
Beinstrecken	25 kg	70 kg	Belastung genau richtig	70 kg
Beinbeugen	15 kg	40 kg	Belastung genau richtig	40 kg
Wadenheben	20 kg	50 kg	Belastung genau richtig	50 kg
LH Bankdrücken	30 kg	90 kg	Belastung genau richtig	90 kg
Latzug zur Brust weiter OG	40 kg	85 kg	Belastung genau richtig	85 kg
Schrägbankdrücken KH	12 kg/Seite	25 kg/Seite	+10%, 2,5 kg	27,5 kg/Seite
LH Rudern vorgebeugt	20 kg	60 kg	+16,67%, 10 kg	70 kg
Kabelkreuzen	15 kg	30 kg/Seite	Belastung genau richtig	30 kg/Seite
Butterfly Reverse	10 kg	20 kg	+25%, 5 kg	25 kg
Rumpfflexion	10 kg	50 kg	-20%, 10 kg	40 kg
Seitheben Schulter	3 kg/Seite	10 kg/Seite	-20%, 2 kg	8 kg/Seite

Armstrecken KH	8 kg/Seite	20 kg/Seite	Belastung genau richtig	20 kg/Seite
Armbeugen KH	8 kg/Seite	20 kg/Seite	Belastung genau richtig	20 kg/Seite

Ein interindividueller Norm- bzw. Referenzwertvergleich ist bei diesem X-RM Test nicht möglich, da zu viele Einflussfaktoren auf die Maximalkraft einwirken können. Es existieren daher auch keine Normwerte zur Vergleichbarkeit des individuellen Kraftniveaus des Sportlers. Bereits bei der Testung der 16 Kraftübungen innerhalb einer Woche war es eine Herausforderung alle Testrahmenbedingungen ausreichend zu standardisieren und alles möglichst genau zu kontrollieren. Daraus lässt sich schließen, dass bei ausreichend hoher Standardisierung ein intraindividueller Norm- und Referenzwertvergleich möglich ist und der individuelle Trainingsfortschritt damit gut kontrolliert werden kann. Die Ableitung der Trainingsintensitäten war problemlos nach der Individuellen-Leistungsbild-Methodik (ILB-Methode) möglich, da mit dem Test die für die im Training geplante Wiederholungszahl bereits das Maximalgewicht bestimmt wurde.

2 Teilaufgabe 2 – Zielsetzung/Prognose

In dieser Tabelle der Zielsetzung und der Prognose wurden die relevanten Ziele des Kunden nochmal eindeutig priorisiert und realisierbar festgelegt.

Tab. 5 Zielsetzung/Prognose (eigene Darstellung)

Inhalt	Ausmaß	Zeit
Kraftsteigerung im Krafttest	durchschnittliche Steigerung um 5%	6 Wochen (Dauer des ersten Mesozyklus)
Muskelaufbau	+2 kg Muskelmasse bei leicht gesenktem Körperfettanteil	3 Monate (13% Körperfett, 65,6 kg Muskelmasse)
Gesundheit der Schulter	Rotatorenmanschette stärken, Schmerzen lindern	Die gesamte Dauer des Makrozyklus (4 Mesozyklen, insgesamt 24 Wochen)

Bis auf die vorbelastete Schulter der Person gibt es keine weiteren Faktoren, die die Zielsetzung eingeschränkt haben. Daher galt es, das langfristige Hauptziel des Sportlers auf die gezielte Stärkung der linken Schulter zu legen, sodass er noch konstanter schmerzfrei wird und seine sportliche Leistungsfähigkeit aufrechterhalten kann. Vor diesem Hintergrund sollte dann im zweiten Schritt im Training der Fokus auf dem biometrischen Ziel des Muskelaufbaus und dem sportmotorischen Ziel der Kraftsteigerung liegen, was die

Person bereits im Eingangsgespräch als Wunsch geäußert hatte. Daraus wurde dann zum einen das Feinziel der 5%igen Kraftsteigerung im Krafttest innerhalb von 6 Wochen differenziert. Die kurze Dauer von 6 Wochen hilft dabei, die Motivation des Sportlers aufrecht zu erhalten und weiter zu fördern. Zum anderen wurde bei dem anderen Ziel, dem des Muskelaufbaus, in der Beschreibung des Ausmaßes bewusst auf die Muskelmasse Bezug genommen um andere, irreführende Zielparameter auszuschließen. Ein steigendes Körpergewicht zum Beispiel ist noch kein sicheres Indiz für Muskelaufbau, das wäre als Ziel zu unspezifisch gewesen. Gemessen wird die Muskelmasse mit derselben „Tanita" Körperanalysewaage, mit der auch der Ist-Zustand in der Eingangsdiagnose festgestellt wurde. Mit der zweiten Messung sollen außerdem möglichst dieselben Rahmenbedingungen geschaffen werden wie bei der ersten Messung, zum Beispiel die Tageszeit, die Nahrungsaufnahme, den Wasserhaushalt oder die Trainingsbelastung der letzten zwei Tage davor, um das Messergebnis möglichst valide zu gestalten.

3   Teilaufgabe 3 – Trainingsplanung Makrozyklus

Tab. 6 Trainingsplan Makrozyklus (eigene Darstellung)

Krafttrainingsmethode: Individuelle Leistungsbild Methode (ILB) – Stufe Leistungstrainierender 80-100%								
	Mesozyklus 1		**Mesozyklus 2**		**Mesozyklus 3**		**Mesozyklus 4**	
Dauer		6 Wochen		6 Wochen		6 Wochen		6 Wochen
Trainingsziel		Muskelaufbau		Kraftausdauer		Maximalkraft		Muskelaufbau
Anzahl Einheiten pro Woche	ILB – Test für 12 Wiederholungen	4 / Woche	ILB – Test für 15 Wiederholungen	4 / Woche	ILB – Test für 5 Wiederholungen	4 / Woche	ILB – Test für 8 Wiederholungen	4 / Woche
Organisationsformen		Split		Split		Split		Split
Übungen / Muskel		3/Muskel		3/Muskel		3/Muskel		3/Muskel
Sätze / Übung		3		3		3		3

Satzpausen	2-3 Min. je nach Intensität	45-120 Sekunden	3-5 Minuten	2-3 Minuten
Wiederholungen	12	15	5	8
Bewegungstempo	2-0-2	2-0-2	2-0-2	2-0-2
Intensität	80-100% (12-RM)	80-100% (15-RM)	80-100% (5-RM)	80-100% (8-RM)

Für den Makrozyklus wurde die ILB Methode (Individuelle-Leistungsbild-Test-Methode) ausgewählt. Bei dieser Methode wird der Sportler erst einer der verschiedenen Stufen Beginner, Geübter, Fortgeschrittener und Leistungstrainierender zugeteilt. Anhand der bisherigen Trainingserfahrung wurde der Sportler in die Stufe der Leistungstrainierenden eingestuft, welche eine Intensität von 80-100% des zuvor erfolgten X-RM-Tests vorgibt. Insgesamt besteht der Makrozyklus aus 4 Mesozyklen, die jeweils 6 Wochen dauern. Aus zwei Gründen wurde die Split Aufteilung als Organisationsform gewählt: Erstens ermöglicht es der zeitliche Verfügbarkeitsrahmen des Sportlers und zweitens können die Muskelgruppen in den einzelnen Trainingseinheiten in einem Split noch besser austrainiert werden und es ist gleichzeitig immer noch genügend Regenerationszeit bis zum nächsten Training. In dem Oberkörper/Unterkörper-Split wird jede Muskelgruppe dann zwei Mal pro Woche einem intensiven Trainingsreiz ausgesetzt, in insgesamt 4 Trainingseinheiten pro Woche.

Der erste Mesozyklus hat das Ziel des Muskelaufbaus, um das bisherige Maximalkrafttraining des Sportlers zu durchbrechen und sein Muskelskelettsystem neuen Reizen auszusetzen. Darauf folgt ein Kraftausdauer Mesozyklus. Im Anschluss kommt ein Maximalkraft Mesozyklus, bevor wieder zum Muskelaufbau Mesozyklus gewechselt wird.

Je nach Trainingsziel des Mesozyklus verändert sich die angestrebte Wiederholungszahl. Daher wird nach jedem Mesozyklus eine erneute X-RM Krafttestung durchgeführt, um einerseits die Fortschritte des Sportlers zu messen und andererseits für den darauffolgenden Mesozyklus, in dem wieder mit anderen Wiederholungszahlen gearbeitet wird, das optimale Trainingsgewicht zu ermitteln. Nach den Wiederholungszahlen und der Intensität des einzelnen Satzes richten sich dann auch die jeweiligen Satzpausen. Fröhlich (2003, S.59) fordert bei einer Intensität von 75% in einem Hypertrophietraining eine Satzpause von zwei Minuten, bis die Leistungsfähigkeit wiederhergestellt ist. In einem Kraftausdauertraining begrenzt er die Satzpausen auf 45-120 Sekunden, während er bei einem

Maximalkrafttraining eine Satzpause von drei bis fünf Minuten empfiehlt (Fröhlich, S.60). Es wurde eine langsame Bewegungsgeschwindigkeit (2-0-2) gewählt, um eine falsche Bewegungsausführung vermehrt auszuschließen und dem Sportler die Zeit einzuräumen, die Wiederholung über die gesamte Bewegungsamplitude auszuführen (Toigo, 2006b S.129).

Bei der Übungsauswahl lag ein besonderer Fokus auf den Beinen, da hier im Vergleich zum Oberkörper des Sportlers eine ungleichmäßige Verteilung der Kraft und der Muskelmasse erkennbar war. Für eine gleichmäßigere Verteilung der Muskelmasse und vor dem Hintergrund des angestrebten Muskelaufbaus erschien diese Entscheidung als äußerst sinnvoll. In der nun folgenden Trainingsplanung des ersten Mesozyklus wird im Detail darauf eingegangen, aus welchen Übungen die einzelnen Trainingseinheiten genau bestehen.

4   Teilaufgabe 4 – Trainingsplanung Mesozyklus

Tab. 7 Trainingsplan Mesozyklus (eigene Darstellung)

Mesozyklus 1, Trainingsintensität 80-100%								
Trainingsziel Muskelaufbau								
4 Einheiten pro Woche, jede Spliteinheit 2x								
Satzpausen: 2-3 Min.								
Bewegungstempo: 2-0-2								
Übung	ILB 12-RM Test	Wiederholungen	Sätze	Woche 1 80%	Woche 2 80%	Woche 3 90%	Woche 4 90%	Woche 5 100%	Woche 6 100%
Split 1 - Unterkörper								
LH Kniebeuge	110 kg	12	3	90 kg	90 kg	100 kg	100 kg	110 kg	110 kg
LH Kreuzheben	110 kg	12	3	90 kg	90 kg	100 kg	100 kg	110 kg	110 kg
LH Ausfallschritte	60 kg	12	3	47,5 kg	47,5 kg	55 kg	55 kg	60 kg	60 kg
Beinstrecken	70 kg	12	3	55 kg	55 kg	60 kg	60 kg	70 kg	70 kg
Beinbeugen	40 kg	12	3	30 kg	30 kg	35 kg	35 kg	40 kg	40 kg
Wadenheben	50 kg	12	3	40 kg	40 kg	45 kg	45 kg	50 kg	50 kg

Split 2 - Oberkörper									
LH Bankdrücken	90 kg	12	3	72,5 kg	72,5 kg	80 kg	80 kg	90 kg	90 kg
Latzug zur Brust weiter OG	85 kg	12	3	70 kg	70 kg	75 kg	75 kg	85 kg	85 kg
KH Schrägbankdrücken	27,5 kg/Seite	12	3	22 kg	22 kg	25 kg	25 kg	27,5 kg/Seite	27,5 kg/Seite
LH Rudern vorgebeugt	70 kg	12	3	57,5 kg	57,5 kg	62,5 kg	62,5 kg	70 kg	70 kg
Kabelkreuzen	30 kg/Seite	12	3	25 kg	25 kg	27,5 kg	27,5 kg	30 kg/Seite	30 kg/Seite
Butterfly Reverse	25 kg	12	3	20 kg	20 kg	22,5 kg	22,5 kg	25 kg	25 kg
Rumpfflexion	40 kg	12	3	30 kg	30 kg	35 kg	35 kg	40 kg	40 kg
Seitheben Schulter	8 kg/Seite	12	3	6 kg	6 kg	7 kg	7 kg	8 kg/Seite	8 kg/Seite
Armstrecken KH	20 kg/Seite	12	3	16 kg	16 kg	18 kg	18 kg	20 kg/Seite	20 kg/Seite
Armbeugen KH	20 kg/Seite	12	3	16 kg	16 kg	18 kg	18 kg	20 kg/Seite	20 kg/Seite

Die hier berechneten Trainingsgewichte sind nach Realisierbarkeit der Gewichtsabstufungen an den Maschinen durchschnittlich um 1kg auf- oder abgerundet.

Eine progressive Anpassung der Trainingsparameter ist für alle zwei Wochen vorgesehen, welche über die Steigerung des Trainingsgewichts (80%, 90% oder 100% des 12-RM) realisiert wurde. Durch diese sich progressiv steigernde, lineare Periodisierung wird vermieden, dass ein Gewöhnungseffekt eintritt. Damit werden die Muskeln in jeder Trainingseinheit wirksamen Reizen ausgesetzt, was auch als progressive Überlastung bezeichnet wird (Weil, 2007, S.11).

Bei jeder der hier vorgestellten Übungen gilt es, die gesamte ROM auszunutzen (Full Range of Motion). Die Full Range of Motion besagt, dass man optimalerweise in der Bewegungsausführung einerseits die gesamte aktive Beweglichkeit des Gelenks ausnutzt und andererseits den Muskel über die gesamte Strecke von maximal gedehnt bis maximal verkürzt der Belastung aussetzt. (Huss, 2019). Das sorgt dafür, dass eine Kraftzunahme im gesamten Bewegungsbereich stattfindet, die passiven Strukturen des Bewegungssystems ebenfalls Aufbaureize empfangen und die Koordination und die Beweglichkeit verbessert werden. Damit hat der Sportler in den endgradigen Bewegungsbereichen eine deutlich höhere Schutzfunktion vor Verletzungen jeglicher Art, was besonders für die Schulter von großer Bedeutung ist.

Die hohen Intensitäten der letzten beiden Wochen des Mesozyklus legen das Training darauf aus, bis zum Muskelversagen zu trainieren, um alle willkürlich erreichbaren Muskelfasern zu stimulieren, da in diesem Bereich der Trainingsintensität die höchsten Kraftzuwächse erzielt werden (Toigo, 2006b, S.129). Als objektiver Ausbelastungsfaktor wurde die Abnahme des Bewegungstempos festgelegt. Die ersten beiden Wochen des darauffolgenden, zweiten, Mesozyklus starten dann mit deutlich geringerer Intensität. Hier wird der Fokus auf der Kraftausdauer liegen, was deutlich weniger Gewicht und eine erhöhte Wiederholungszahl bedeutet. Das kommt der Regeneration des Bewegungssystems zugute und der Wechsel zu dieser anderen Trainingsform fördert zusätzlich die Motivation des Sportlers.

Es wurden viele mehrgelenkige Übungen mit freien Gewichten, mit der Langhantel (LH) oder mit Kurzhanteln (KH), ausgewählt, da diese im Vergleich zu denselben Übungsvarianten an der Maschine deutlich effektiver sind. Diese Übungen haben den Vorteil, dass der Sportler ein hohes Maß an Eigenstabilisation erbringen muss und dadurch mehr synergistisch wirkende Muskelgruppen mitarbeiten müssen. Theoretisch wäre hier der Nachteil der erhöhten Verletzungsgefahr zu nennen, aber da der Sportler bereits viel Krafttrainingserfahrung gesammelt hat und die Techniken der Übungen bereits gut erlernt hat, fällt dieser Nachteil weg.

Das Training wurde möglichst nah an den Vorlieben des Sportlers ausgerichtet. Zudem wurde sowohl auf eine gute Übungsvielfalt, als auch auf ein ausgewogenes Verhältnis zwischen Agonisten und Antagonisten geachtet. Des Weiteren wurde darauf geachtet, dass mehrgelenkige Übungen mit hohem Muskelmasseanteil vor den eingelenkigen Übungen mit geringem Muskelmasseanteil durchgeführt werden.

Tab. 8 Übungen und die jeweils beanspruchte Muskulatur (eigene Darstellung)

Übung	Arbeitsmuskulatur	Begründung
Split 1 - Unterkörper		
Kniebeuge LH	M. quadriceps femoris M biceps femoris M. gluteus maximus	Die Langhantel Kniebeuge ist eine der effektivsten Übungen. Sie stärkt die gesamte Beinmuskulatur und ist eine gute Übung für die Bauchmuskeln,

	M. erector spinae M. adductor brevis M. adductor longus M. adductor magnus M. rectus abdominis (Ashwell, S.102)	den Rückenstrecker und den Schultergürtel, was für den Sportler genau richtig geeignet ist.
Kreuzheben **LH**	M. erector spinae M. gluteus maximus M. quadriceps femoris M. adductor magnus M. triceps surae M. levator scapulae M. rectus abdominis M. trapezius M. teres major (Ashwell, S.106)	Kreuzheben zählt wie die Kniebeuge zu den komplexen mehrgelenkigen Übungen und eignet sich sehr gut, um den gesamten Rücken und die Beine zu stärken.
Ausfallschritte **LH**	M. adductor brevis M. vastus intermedius M. adductor magnus M. vastus lateralis M. vastus medialis M. gluteus maximus (Ashwell, S.104)	Die Ausfallschritte zählen ebenfalls zu den komplexeren Übungen, da alle Muskeln des Unterkörpers beansprucht werden.
Beinstrecken	M. vastus intermedius M. vastus lateralis M. rectus femoris M. vastus medialis (Ashwell, S.116)	Das Beinstrecken ist eine eingelenkige Isolationsübung und trainiert die Oberschenkelvorderseite, die vier Köpfe des Quadrizeps. Dient am Ende des Beintrainings zur Intensivierung des Trainingseffektes.
Beinbeugen	M. biceps femoris M. semimembranosus M. semitendinosus (Ashwell, S.118)	Das Beinbeugen ist auch eine eingelenkige Isolationsübung und trainiert die Beinrückseite, den Beinbizeps, und ist ebenfalls für die Intensivierung der Beanspruchung gedacht.
Wadenheben	M. gastrocnemius M. soleus M. flexor hallucis longus M. flexor digitorum longus M. tibialis posterior M. plantaris (Ashwell, S.112)	Das Wadenheben wird stehend absolviert, da diese Variante im Vergleich zu dem stehenden Wadenheben sowohl den Schollenmuskel als auch den Zwillingswadenmuskel beansprucht und damit abschließend noch einmal die komplette Wade trainiert wird.
Split 2 - Oberkörper		

Bankdrücken LH	M. pectoralis major M. deltoideus M. triceps brachii (Ashwell, S.48)	Bankdrücken ist, wenn es um die Steigerung der Kraft geht, eine der elementaren Übungen. Um das Schultergelenk zu stabilisieren ist es hierbei für den Sportler von besonderer Bedeutung, die Schulterblätter zurück zu ziehen.
Latzug zur Brust weiter OG	M. teres major M. latissimus dorsi M. biceos brachii M. brachialis M. brachioradialis M. deltoideus (Ashwell, S.60)	Beim Latzug wird der breite Rückenmuskel trainiert. Der zur Brust ziehende, breite Obergriff stellt die effektivste und gleichzeitig gelenkschonendste Variante dar, die zur schonenden Beanspruchung des Schultergelenks beiträgt.
Schrägbankdrücken KH	M. pectoralis major M. triceps brachii M. deltoideus (Ashwell, S.44)	Für die obere Brustmuskulatur, den Trizeps und die vordere Schulter ist das Schrägbankdrücken mit Kurzhanteln als Pendant zum Butterfly Reverse eine gut geeignete Übung.
Rudern vorgebeugt LH	M. latissimus dorsi M. trapezius M. infraspinatus M. deltoideus pars spinata M. teres minor M. teres major M. biceps brachii M. brachialis M. brachioradialis M. rhombodei (Ashwell, S.64)	Das LH Rudern ist eine weitere Grundübung des Krafttrainings, welche dem Ziel des Muskelaufbaus und der Kraftsteigerung sehr dienlich ist. Außerdem ist diese Übung besonders gut geeignet für Menschen, die oft am Schreibtisch vor einem PC sitzen. Als Präventivmaßnahme für die häufig sitzende Person ist eine gute Schulung der Haltung besonders wichtig.
Kabelkreuzen	M. pectoralis major (Ashwell, S.52)	Bei dieser Übung wird der große Brustmuskel und die vordere Schulter trainiert. Neben dem Aufbau von Brustmuskulatur ist dies der Stärkung und der Mobilisierung des Schultergelenks dienlich.
Butterfly Reverse	M. deltoideus M. rhombodei M. trapezius M. teres minor M. triceps brachii (Ashwell, S.68)	Der hintere Schultergürtel wird bei dieser Übung an der Maschine sehr gut gestärkt, während die Bewegungsausführung an der Maschine einer Verletzung durch die vorgegebene Ausführung vorbeugt.
Rumpfflexion	M. rectus abdominis M. obliquus internus abdominis	Die Rumpfflexion bezeichnet einen Crunch am Gerät und dient der Stärkung der geraden Bauchmuskulatur.

	M. oliquus externus abdominis (Ashwell, S.134)	
Seitheben Schulter	M. deltoideus pars acromialis M. supraspinatus M. trapezius pars descendens (Ashwell, S.90)	Auch hierbei sollten die Schulterblätter nach hinten und die Arme nicht zu weit nach oben gezogen werden, um die Gefahr der Verletzung der Schulter zu minimieren. Ansonsten dient diese Übung sehr gut dem Aufbau für breite Schultermuskeln.
Armstrecken KH	M. triceps brachii (Ashwell, S.82)	Durch einen gut trainierten Trizeps wird die Schultergelenkstabilität weiter gestärkt, dafür ist diese eingelenkige Isolationsübung gut geeignet.
Armbeugen KH	M biceps brachii M. brachialis M. brachioradialis (Ashwell, S.74)	Der Bizeps wird am Ende der 2. Trainingseinheit auch noch einmal isoliert trainiert. Dadurch wird das Muskelwachstum der Arme optimal angeregt.

5   Teilaufgabe 5 – Literaturrecherche

Tab. 9 Literaturrecherche Effekte des Krafttrainings bei Rückenbeschwerden („LWS-Syndrom")

Titel der Studie	Adherence von Krafttraining und rückengerechtem Verhalten bei Patienten mit Beschwerden der Lendenwirbelsäule
Wer hat die Studie durchgeführt?	Marc Nicolaus, zur Erlangung der Würde eines Doktors
In welchem Jahr wurde die Studie publiziert?	2009
Welche Forschungsfrage wurde untersucht?	-positive Beeinflussung der Adherence sporttherapeutischen Trainings und rückengerechtem Verhalten
Mit welchen Versuchspersonen wurde die Studie durchgeführt?	-eine Experimental- (mit 67 Teilnehmer/innen) und einer Kontrollgruppe (mit 72 Teilnehmer/innen)
Wie sah der Versuchsaufbau der Studie aus?	-8 Monate lang durchgeführt -Durchführung von insgesamt 3 Messreihen im Abstand von je vier Monaten -viermonatiges sporttherapeutisches Trainingsprogramm aus standardisiertem Übungsprogramm aus Kräftigungs- und Beweglichkeitsübungen (S.6 f.) -zwei Einheiten Gerätetraining/Woche und ein nicht gerätegestütztes Heimtraining

	-Experimentalgruppe „durch gezielte Interventionsmaßnahmen zusätzlich motiviert, sich im Alltag möglichst „rückenfreundlich" zu verhalten." (S.7), schriftlich fixiertes Motivationstraining -Kontrollgruppe erhielt keine zusätzlichen Vorgaben oder Hinweise
Welche relevanten Ergebnisse und Schlussfolgerungen lieferte die Studie?	-positive Beeinflussung bezogen auf das Verhalten der Teilnehmer/innen der Experimentalgruppe .

Titel der Studie	Die Effektivität eines gesundheitsorientierten Krafttrainings bei Rückenbeschwerden unter spezieller Betrachtung der Rumpfbeuge- und Rumpfstreckmuskulatur
Wer hat die Studie durchgeführt?	Helga Prasicek, eine Magisterarbeit unter dem Betreuer Ass.-Prof. Mag. Dr. Harald Tschan
In welchem Jahr wurde die Studie publiziert?	2008
Welche Forschungsfrage wurde untersucht?	-Auswirkungen eines 3-monatigen, medizinischen Krafttrainingsprogramms auf die Kraft der Rumpfbeuge- und Rumpfstreckmuskulatur und auf die subjektive Schmerzbefindlichkeit (S.69)
Mit welchen Versuchspersonen wurde die Studie durchgeführt?	-Kunden und Kundinnen aus dem Kienbacher Trainings Institut -insgesamt 102 Probanden und Probandinnen (S.72)
Wie sah der Versuchsaufbau der Studie aus?	-Ausgangs- und Endtest bezogen auf die Kraft und die subjektive Befindlichkeit -Auswertung nach dem 3-monatigen Training (S.80)
Welche relevanten Ergebnisse und Schlussfolgerungen lieferte die Studie?	-Anmerkung: Ergebnisse einer getesteten Gruppe, den Männern, waren wenig aussagekräftig aufgrund zu geringer Teilnahme. Daher werden hier zusammenfassend nur die Ergebnisse der Frauen dargelegt. - einmal wöchentliches und zweimal wöchentliches Krafttraining von 3 Monaten führte mit einer Wahrscheinlichkeit von 95 Prozent zu einer Verbesserung der isometrischen Maximalkraft der Flexoren und der Extensoren des Rumpfes sowie zu einer „Linderung des momentanen, subjektiv empfundenen Schmerzes" bei Patientinnen mit Rückenbeschwerden (S. 96, 98, 100)

6 Literaturverzeichnis

Ashwell, K. Prof. (2012). *Das Anatomiebuch der Fitness*. Köln. (S.48-144)

Baechle, T.R., Earle, R. W. (2020). *Krafttraining. Das Handbuch für Einsteiger: Muskeln aufbauen. Kraft steigern. Verletzungsfrei trainieren*. München. (S.233)

Fröhlich, M. (2003). *Kraftausdauertraining. Eine empirische Studie zur Methodik*. Göttingen: Cuvillier (S.59 f.)

Kinzig, K.-J. (o. D.). Datenbank für Fitness-Übungen. Abgerufen 18.04.21 von https://www.uebungen.ws/

Huss, L.-M. (2019). *Die Vorteile eines vollen Bewegungsumfangs – ROM*. Abgerufen 17.04.21 von https://www.lu-coaching.de/die-vorteile-eines-vollen-bewegungsumfangs-rom/#:~:text=Was%20bedeutet%20vollst%C3%A4ndige%20ROM%3F,das%20beanspruchte%20Gelenk.&text=Oder%20f%C3%BCr%20das%20jeweilige%20Gelenk,volle%20aktive%20Gelenkbeweglichkeit%20zu%20arbeiten.

Manica G, Fagard R, Narkiewicz K, Redon J, Zanchetti A, Bohm M et al. (2013). *Guidelines for the management of arterial hypertension: the Task Force for the management of arterial hypertension of the European Society of Hypertension (ESH) and of the European Society of Cardiology (ESC)*. (S.1286)

Marschall, F. & Fröhlich, M. (1999). *Überprüfung des Zusammenhangs von Maximalkraft und maximaler Wiederholungszahl bei deduzierten submaximalen Intensitäten*. Deutsche Zeitschrift für Sportmedizin, Bonn. (S. 311-315)

Nicolaus, M. (2009). *Adherence von Krafttraining und rückengerechtem Verhalten bei Patienten mit Beschwerden der Lendenwirbelsäule*. (S. 7 f.) Universität Stuttgart. Ludwigsburg

Ostermeier, S. (o. D.). *Impingement Syndrom der Schulter*. Abgerufen 12. April 2021, von https://gelenk-klinik.de/schulter/impingement-syndrom-schulter.html

Prasicek, H. (2008). *Die Effektivität eines gesundheitsorientierten Krafttrainings bei Rückenbeschwerden unter spezieller Betrachtung der Rumpfbeuge- und Rumpfstreckmuskulatur.* Magisterarbeit, Universität Wien. Wien

Steffel, S. Lücher, T. f. (2011). *Herz-Kreislauf.* Berlin Heidelberg: Springer.

Strack, A. & Eifler, C. (2005). *The individual lifting performance methode (ILP) – a practical method for fitness- and recreational strength training.* Göttingen. Cuvillier.

Tanita (2019). *Was ist ein normaler Körperfettanteil?* Stuttgart. Abgerufen am 17.04.21, von https://tanita.de/aktuelles/was-ist-ein-normaler-korperfettanteil/

Toigo, M. (2006b). *Trainingsrelevante Determinanten der molekularen und zellulären Skelettmuskeladaptation. Teil 2: Adaptation von Querschnitt und Fasertypmodulen. Schweizerische Zeitschrift für Sportmedizin und Sporttraumatologie,* 54 (4), Bern. (S.129)

7 Tabellenverzeichnis

7.1 Tabellenverzeichnis

BEI GRIN MACHT SICH IHR WISSEN BEZAHLT

- Wir veröffentlichen Ihre Hausarbeit,
  Bachelor- und Masterarbeit

- Ihr eigenes eBook und Buch -
  weltweit in allen wichtigen Shops

- Verdienen Sie an jedem Verkauf

Jetzt bei www.GRIN.com hochladen und kostenlos publizieren